JN439195

그대 나의 사랑아

등단 40주년 기념

이 민 호 시선집

교음사

서(序)

우리는 세상을 살아가면서 그 누군가를 끊임없이 그리워하고 갈망한다. 시간과 공간을 뛰어 넘는 남녀 간의 사랑은, '사랑'이라는 근원적인 실존적 동일성을 부여받는다.

사랑은 서로 다른 두 존재의 소통과 육체적 결합이라는 의미와 욕망과 갈망과 뼈아픈 상처를 통해서 주체성을 얻는다.

누군가가 물었다.

"사랑이 무엇인가요?"

사랑이란 무언가에 미친다는 것이다.

사랑은 사랑에 빠진 이로 하여금 존재의 비밀을 알지 못하도록 눈멀게 하는 짙은 안개이며 모든 것을 무(無)로 만들고 스스로 그 속에서 유(有)를 창조하게 하는 전능한 것이다.

사랑은 계절의 도움 없이 피어나는 유일한 꽃이며 영혼 속에 또 하나의 영혼을 창조하고 영혼을 승화시켜 사람의 법이나 자연 현상에서 분리시킬 수 없는 세상의 유일한 자유이다.

나의 삶은 사랑이다.

나의 인생도 사랑이다.

나의 사랑은 시(詩)이다.

'사랑' 이 단어를 가장 좋아하는 나는 '사랑시인'이다.

열의 여섯 해를 살아오는 동안 사랑은 내 정신적 가치와 영혼을 구원으로 노래했다. 나의 시(詩)는 사랑을 대한 체험적 아픔을 승화하여 고백하는 사랑 시이다. 사랑시를 쓰는 시인이라면 자신의 아픈 기억의 내면을 건드리는 것이 될지라도 그 체험을 통한 그 누군가 시를 읽고 위무 받을 수 있다고 한다면 이러한 고백이 필요하다고 믿기 때문이다.

오늘날 현대인들에게 있어 사랑은 즐겁고 유쾌한 그리고 쾌락을 동반한 가벼운 감정에 이끌려 상점에서 진열된 상품을 구매하듯 이성에게서 매력적인 모습으로만 인식되어 어떻게 하면 사랑받을 수 있을 것인지, 선택 받을 수 있을 것인지의 문제 즉, 사랑에 대한 대상의 문제로 인식 되어지는 것이 슬픈 현실이다.

나의 시는 사랑 받을 수 있는 능력의 문제가 아닌, 사랑하는 행위의 문제라는 측면의 인식의 시들로 사랑과 이별에 대한 실체적 체험으로 인한 아픔과 내면의 모습들이 내밀한 정서에 녹아들어 투영되어 있다.

나의 고백의 시(詩)가 순수한 '사랑'의 정신에 기초하여 현대인들에게 성숙된 사랑으로 인식되어지기를 바라는 마음으로 이 시집을 펴낸다.

이 시집이 나오기 까지 편집, 교정에 애써 주신 교음사 류진 편집장님, 좋은 책 만들어주신 강병욱 대표님께 깊이 감사드립니다.

2020. 아름다운 가을에 사랑시인 이민호

| 그대 나의 사랑아 |

1. 사랑은 눈부심으로 다가왔습니다

2. 사랑은 그리움입니다

3. 사랑은 기다림입니다

4. 사랑은 외로움입니다

5. 사랑은 그리움 외로움 기다림의 시작입니다

1

사랑은 눈부심으로 다가왔습니다

사랑은 기다리는 것이 아니라 먼저 다가서는 것입니다

사랑의 의미

텅 빈 강의실 복도를 따라 걷는데
남학생 하나 헐떡거리며 뛰어와서는 대뜸 묻는다

"사랑이 무엇인가요?"
"이른 아침에 일어나면 마음속에 무엇이 제일 먼저 떠오르는가?"
"그리운 사람 얼굴입니다"
"샛빛 하늘이 걷히고 효명(曉明)이 밝아와 찬란하게 떠오르는
태양을 보았겠지?"
"네"
"그럼 해질녘 하늘 끝에 붉게 노을 지는 석양을 보았는가?"
"네"
"온통 그리움에 빠져 하루를 보낸 적이 있는가?"
"네"
"불 꺼진 간이역에 홀로 남겨진 외로움도 맛보았겠지?"
"네"
"오랜 기다림 속에서 깊은 슬픔에 젖은 적도 있었겠지?"
"네"
"그럼 나의 대답도 끝났다"

고백

당신의
밝은 쪽보다
어두운 쪽을 비추는 빛이 되겠습니다

당신을 사랑합니다

그대는 내 사랑입니까

보고 있어도
그립고
돌아서면 더욱 더 그리워지는
그대는 누구인가요

사랑이 깊어질수록
난 소리 없이 깊어가는 강물이 됩니다

흐르다
흐르다
가다보면
그대 계신 곳
그곳에 다다르게 되겠지요

목소리 듣고 있으면
자꾸만 더 그립고
마주보고 있어도
더 보고 싶고
가까이 다가가 있어도
더욱 더 그리운 그대

당신은 누구십니까

그대는 내 사랑인가요

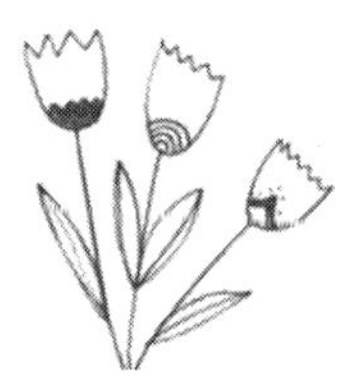

사랑

태초에 너와 나는 바람이었다
우리는 먼 우주를 떠돌다 이곳에서 만나 사랑하게 되었다

천상(天上)의 못다 한 사랑 찾아
바람 되어 떠돌며 살아온 날들
후회는 없어
다 다른 색깔
다 다른 향기
이루지 못한 사랑
아쉬움도 많지만
이 세상 내려와
아름다운 향기 그득했으니
나 왔던 저곳으로 돌아가면
진정 행복했노라고
누구에게나 말하리라

사랑 2

언제 어디서나
내 곁에
가슴 깊은 곳에
내 눈 속에는 네가 있고
네 눈 속에는 네가 있다

그대 몸짓은
언제나 아름답고
그대 목소리는
나를 한없이 기쁘게 한다

그대 손짓하면
한달음에 달려가고
그대 웃음 지으면
나는 마냥 행복해진다

혼자 있어도
혼자가 아닌
그대 안에는 내가 있고
내 안에는 그대가 있다

사랑 3

아까부터 비는
소리 없이 내리고 있었다
내 사랑은 그리움 되어
오늘밤 그대 창가를 말없이 흠뻑 적셔 주리라

사랑을 위하여
그대를 사랑하기 위하여
가슴 한 곳을 비워 두리라
그리하여 한없는 그리움에 젖은 그대를
나의 뜨거운 가슴 위에서 쉬게 하리라

그대를 뜨겁게 사랑하리라
홑수의 꽃잎이 아닌
영원히 시들지 않는
꽃봉오리 활짝 피우게 하리라

사랑 5

너는 섬
나는 파도

너는 구름
나는 바람

너는 풀잎
나는 태양

우리 그렇게 아끼고 나누며
자주색 꽃밭을 걸으며
별들만큼 행복의 꿈을 꾸었다

사랑 6

사랑이 오네
붉게 타는 노을처럼
빈 가슴 태우려고

피할 수가 없네
온몸으로 축복하리

화려하지 않아도
찬란하지 않아도
꼭 안으리

사랑하다
이별한다 해도
겁내지 않으리

눈물 강이 된다고 하여도
피하지 않으리

사랑을 위하여
사랑하리
결국엔 다 타 버려 까만 재만 남는다 하여도

사랑 8

나는 태초에 바람이었다
천상(天上)의 못다 한 사랑 찾아 온 세상을 떠도는 바람이었다
불타는 가슴으로 대지에 뜨거운 바람을 일으키는 바람이었다

나는 태초에 구름이었다
온통 그리움에 젖어 온 우주를 떠도는 구름이었다
그리움 가득한 비를 온 세상에 뿌리는 구름이었다

나는 태초에 바다이었다
때로는 말없이
때로는 거칠게
뜨거운 가슴으로 온통 섬을 끌어안은 바다이었다

나는 태초에 별이었다
뜨거운 영혼을 불살라 새벽하늘 환하게 비추는 사랑별이었다
에로스에서 태어난 사랑의 화신이었다

사랑 13

사랑이 술이었으면 한다

사랑하고 싶을 때
널 꺼내 마시다가
다 비어 버리면
또 한 병 사서
너무 취하면 미뤄 두었다가
외로울 때 마시면 되니까

사랑 18

보고 있어도
보고 싶고

안고 있어도
보고 싶은

꿈길에서도
손잡고 걸어가고 싶은

사랑은 예쁘다

사랑하면
키가 작아도 예쁘고
몸매가 아름답지 않아도 예쁘고
얼굴이 둥글지 않아도 예쁘고
목소리가 상냥하지 않아도 예쁘고
손가락이 짧아도 예쁘고
긴 머리가 아니어도 예쁘다

사랑은 사랑이라서 예쁘다

사랑하게 된 이유

나를 웃게 한 사람
나를 기다리게 한 사람
나를 행복하게 한 사람
나를 변하게 한 사람
내가 사랑하게 한 사람

그대를 사랑하게 된 이유

사랑하는 마음

감사합니다
그대를 사랑할 수 있어서

고맙습니다
그대를 사랑하게 해 주어서

그대와
마주보며 앉아
웃으며 이야기하고
따뜻한 마음을 나눌 수 있어서
감사할 뿐입니다

우리 사이에 무엇이 더 필요할까요
내가 그대를
그대가 나를
서로 사랑할 수 있어서

2

사랑은 그리움입니다

오늘처럼 그대가 무척 보고 싶으면 그냥
어린아이처럼 떠 쓰듯 목 놓아 울어 버리고 싶다

시와 에스프리 1
- 마음에 대한 보고서 1

거리의 여자에게서 진한 꽃향기가 난다.
불현듯 뒤를 돌아본다.
저 멋진 여자와 사랑을 한번 해봤으면 좋겠다고 생각한다.

나는 기억한다
내 손이
내 몸이
내 마음이
그러했던 것들을
우리가
함께 하려고 했던
수많은 일들을
-「추억 1」 전문

거실 탁자 위 화병에 꽂아둔 붉은 장미가 하룻밤 사이에 시들어 버렸다. 아름다운 자태를 뽐내며 일주일 내내 진한 향기를 내뿜던 꽃은 고운 빛을 잃은 채 고개를 숙이고 있다.

찬란하고 빛나던 사랑, 절정의 붉은 꽃을 피우기 위해 목숨을 걸었던 사랑, 활화산처럼 뜨겁게 불타올랐던 순간들은 흔적도 없이 사라져버리고 미처 다 타오르지 못하고 하얀 김처럼 남아 절정에 이르렀던 순간들이 시린 추억으로 남아 가슴 아프게 한다.

나는 가끔 후회한다
깊은 외로움에 빠지게 했던 날들을
수많은 밤을 눈물로 보내게 했던 날들을
입구도 출구도 없는 말들을 뱉어
너를 힘들게 했던 것들을
-「후회」 전문

가을비가 내린다.
잿빛 하늘은 어둠을 안고 강위로 빠르게 내려오고 있다.
낮 동안 고개 숙이고 있던 그리움들은 강을 따라 줄지어 서 있는 가로등 불빛 따라 고개를 쳐든다. 여름날 그 바닷가 백사장 아래 뜨거웠던 우리 사랑은 쓸쓸한 가을을 남긴 채 떠나가고 강 너머 벤치 위에 떨어진 낙엽은 차가운 빗방울에 흠뻑 젖어 있다.
너를 만나 사랑하고 사랑이 깊어갈수록 내 마음은 점점 괴로워져 갔었지. 자꾸만 나를 구속하려는 너를 보면서 왠지 모를 슬픔만 쌓였어. 어느 날부터 난 너에게서 달아나려고만 했었고 이별을 생각했었지. 이별을 결심했지만 어느새 다가온 너와의 이별은 나에게 슬픔과 깊은 외로움만 안겨 주었지. 하지만 후회는 하지 않아 너와 함께한 많은 시간들 속에서 나는 행복했으니까. 널 너무나 사랑했으니까. 먼 훗날 옛 사랑의 희미한 그림자만 남게 되더라도 너의 다정한 눈웃음만은 첫사랑의 기억처럼 내 가슴에 언제나 남아 있을 테니까.

이랬으면 좋겠다

나
살아가는 동안
아름다운 사랑
가득했으면 좋겠다

나
사는 동안
향기로운 사랑
그득했으면 좋겠다

나
사는 동안
진정 날 사랑해주는
사람 만나
행복했으면 좋겠다

나
사는 동안
내가 정말 좋아하는
사람 만나
죽는 날까지
사랑하다 떠났으면 좋겠다

–「살아가는 동안」 전문

사랑은 언제나 기쁨보다 아픔을 더 많이 주고 간다.
하지만 그 상처가 이프고 다시 덧난다 해도 불꽃같은 사랑을 하고 싶다.
누군가가 물었다.
그리움과 보고픔의 차이는 무엇이냐고.
그리움은 지나간 것들을 잊지 못하고 추억하는 것이고 보고픔은 지나간 것이 아닌 지금의 누군가를 그리워하는 것이다.
바람 불고 낙엽 지는 가을이 되면 가슴속 한쪽에 묻어 두었던 그리움들은 악몽처럼 되살아나 나를 뒤 흔든다. 난 언제나 이 메마른 도시를 탈출할 꿈을 꾸지만 번번이 실패를 하고 만다. 그 그리움들이 밤마다 강물처럼 깊어질 때는 추억 진 길을 걷기도 하고 안개 자욱한 새벽 강을 따라 걷기도 한다.
이 가을이 가기 전에 누군가를 만나 열정적인 사랑에 빠지고 싶다. 그리고 아프고 아름다운 추억 하나 남기고 싶다. 사랑은 나에게 이 세상의 유일한 자유이고 영혼 속에 또 하나의 영혼을 창조하기 때문이다.

*에스프리: 자유 분망한 정신을 일컫는 문학적 용어.

강 위에 띄우는 시

누군가는 꽃잎에 시를 쓰고
누군가는 낙엽에 시를 쓰고
또 누군가는 그리운 가슴 위에 시를 쓴다

노을이 붉게 물드는 강 위에 시를 적는다
강물이 흘러 흘러 그리운 님에게 닿을 수 있도록

고백 3

그대 때문에 나는 늘 그립습니다

그대를 만나고 그립고
못 만나도 그립습니다

햇살이 눈부신 한낮도 그립고
별빛 내리는 밤도 그립습니다

그대 때문에
아침부터 잠 못 드는 새벽까지
하루도 그립지 않은 날이 없습니다

그대여

그대여 아시나요
내가 그대를 얼마나 사랑하는지를

그대와 지내온 날들이
얼마나 행복하고 아름다웠는지를

그대를 향한 나의 사랑이
얼마나 깊은지를

그대를 떠올리면 나도 모르게
입가엔 행복한 미소가 넘쳐흐르고 즐거워지는 것을

그대 아시나요
그대를 얼마나 그리워하는지를

술을 마실 때에도
차를 마실 때에도
대화 중에도
그대를 떠 올리고
많은 사람들 속에서도
그대 닮은 사람 쫓아가게 되고

온종일 그대 눈앞에 아른거려
아무 일도 할 수 없는 이유를

그대 아시나요
내가 그대를 얼마나 사랑하는지를
내 꿈속에는 언제나 그대가 있고
하루가 꿈같이 흘러가도
그대를 생각하면
가슴이 벅차오르는 것을
오직 그대만을 그리워하는 것을

그대여 2

그대 아시나요
그대가 얼마나 사랑스런 여인인지를

그대를 바라보고 있노라면
나는 한없이 깊은 바다가 되고
눈길 닿는 곳마다 드넓은 초원으로 변하는 것을

그대 아시나요
그대를 사랑하고 지내온 날들이
얼마나 행복하고 아름다웠는지를

그대를 떠올리는 이 순간에도
가슴 벅차오르고 떨리는 가슴을
말로 다 표현할 수 없는 이 마음을

그대 아시나요
그대가 얼마나 아름다운 여인인지를

그대와 함께 있으면
행복한 노래가 흘러나오고
온통 사랑으로 가득한 꽃길이 펼쳐지는 것을

그리움 4

보고픈 너의 모습이
붉은 석양 따라 노을 지고
너의 목소리는
해일되어 쉴 새 없이
바위에 부딪쳐 오는데

내 기억 속의 너의 체취가
바다 냄새에 실려 있어
저 멀리 너의 모습은
수평선 위로 나타났다
사라졌다 또 나타나고

하얀 백사장에
끊임없이 밀려오는 파도는
수없는 흔적을 내고 지우며
내 가슴을 자꾸만 후벼 파고
빈 가슴을 파도에 씻어보지만
퍼렇게 멍든 가슴은
점점 뚜렷해지기만 하는 것을

그리움 5

너는 말없이 왔다가고
돌아서서 기약 없이 또 가고
저만치 꽃잎 속에 바람처럼 숨고
빈잔 속에 담은 고통의 눈물

그리움의 향기

별빛 내리는 밤에
소리 없이 흐르는 강물

영혼조차 씻어 내리는
순결의 빗방울

긴 기다림의 그리움으로
다가와서 포옹하는가

소리 없이 검은 강을 건너와
또 말없이 차가운 불빛에 돌아서는가

그리움 7

저 굽어진 강을 따라
남강(南江) 다리 건너가면
보일 듯 보일 듯 너의 모습
서걱거리는 떨림으로 남아
하얀 안개 되어 피어오른다

대나무 잎 구르는 황토길
불어오는 바람 속으로
걸어간 이 뒤에는
자꾸만 떠오르는 사람 있다

오늘도 소리 없이 흐르는 강
창을 훑고 흘러내리는 그리움은
붉게 물든 강을 건너와 말없이 돌아서 간다

바람 시린 이른 봄날
다시는 만나서는 안 될 사람
아롱지는 눈물 속에
여울져 흘러내리는 강이 멈춰 선다

그리움 8

그대 나를 기억하는가

깜깜한 밤
어두운 창가에 말없이 다가와
서성이면서도
손 내밀면 무정하게 달아나는 그대

토해내어도
토해내어도
스며 나오는 아픔
검은 강을 따라 걸으며
목메게 불렀던 이름
그토록 보고 싶었던 너의 모습
강 건너 하얀 벤치
낯선 모습으로 타인처럼 앉아 있다

열병처럼 그리움이 차오르는 날엔
그 술집
그 창가에 앉아 아픈 그리움들을 마신다
가슴 저미는 기억들은
빈 술잔 내려놓는 순간마다

한 움큼씩 붉은 선혈을 토해 놓고
여기저기 놓여 있는 끈적거리는 추억들은
눈물처럼 고여 있는데

너는
소리 없이 검은 강을 건너와
말없이 넓은 창을 훑고 가느냐

그리움 11

문화예술회관 주차장 화단에 줄을 지어 있는 단풍나무는 봄부터 붉게 물들어 있다. 텅 비어 있는 넓은 주차장을 가로질러 강이 내려다보이는 이층 카페에 앉아 강 건너 끊임없이 달려가는 차들의 행렬을 바라보며 깊은 상념에 빠진다. 문득 문득 그리운 얼굴들 하나둘씩 창가에 다가와 바람에 흔들리는 입새처럼 흔들리다 사라지고 내 마음은 빛을 찾아 날아드는 흰 꼬리 나방처럼 창을 훑다 깊은 나락으로 떨어져 내린다.

막차는 자정에 떠난다
그리움은 언제나 목마름으로 다가와 밤을 애태운다
함께하는 시간은
강물처럼 소리 없이 빠르게 흘러가버리고
나누고 나누어도 못다 한 이야기는
아쉬움만을 남겨놓고 이별을 고한다
어느새 축축이 젖어드는 눈동자
말없이 바라보다 차에 오른다

차가 보이지 않을 때까지
손을 흔들고 있는 너의 모습은
네거리를 돌아 사라져 갔지만
달리는 차창에 각인되어

나를 보며 말없이 미소 짓는다
또 며칠 밤을 열병을 앓겠지 너와 나는

숙취의 갈증으로 눈뜬 새벽
회색빛 빌딩 위로 장대처럼 쏟아지는 빗줄기 소리 뒤로
한줄기 바람이 창을 훑고 지나간다

그리움 12

나를 움켜쥐었다
흔들어 놓고 가는 바람아
어디로 달려가느냐

화려한 인조석 깔린 그 길
눈 감고도 아련히 떠오르는 그곳
많은 사람들 오가는 거리
온종일 헤매다
길모퉁이에 주저앉아
눈물짓던 그 밤

이제 다시는
오고 가지 못할
시린 사연
그 눈빛 아직도 할로겐 조명 비추는
창가에 머물고 있는지

바람아
가슴 맺힌 그리움
언제 다 씻어 낼는지

그리움 16

오늘 아침에도 바람이 많이 붑니다
요즘은 왜 이른 아침부터 바람이 부는지

오늘 아침에도 그대가 그립습니다
요즘은 왜 그대가 자꾸만 보고 싶은지

오늘 밤에도 안개가 피어올랐습니다
요즘은 밤에도 안개가 왜 많이 피어오르는지

오늘 밤도 그대가 그립습니다
요즘은 자꾸만 안개 낀 강을 따라 걷고 싶은지

니가 몹시 그리운 날엔

니가 그리운 날엔 강을 따라 걸었다
비라도 내리는 날엔 더욱 더 그랬다

검은 우산 하나 들고
발길 닿는 데로 걷다가
너와 함께 웃고 떠들던 빨간 문 달린
창 넓은 이층 찻집에 앉아
지나가는 우산 헤아리다 지치면
지하도 중앙 분수대 난간에 걸터앉아 넋 놓고 있다가
윈도 걸린 옷 바라보며 천천히 걸었다

우리 함께 자주 갔던 성당 앞 보리밥집
검은 자갈 위에 구운 삼겹살은 딱딱해져 맛을 잃었고
달기만 했던 소주는 쓰기만 했다

늦은 오후
바흐의 무반주 바이올린 연주 따라 들어간
호수가 내려다보이는 언덕 위 찻집
텅 비어 있는 실내에는 스피커에서 흘러나오는
음악만이 허공에 맴돌다 흩어져 내리고
앙상한 가지 걸린 창가에 뿌옇게 흐려진

내 모습이 한없이 초라하기만 했다

하루 종일 같이 보내다 헤어지기 아쉬워
네 집 앞 골목 모퉁이에서
잡은 손 놓아주기 싫어 꼭 잡고 있던 그때가 좋았다

니가 몹시 그리운 날엔
많은 사람들 속으로 걸어간다
혼자 차 마시고 술 마시고
방황하다 쓰러져 잠이 든다

길 위에서 길을 묻다

수많은 사람들
오가는 거리에서 길을 잃었다

개와 늑대의 시간을 쫓아
어둠이 내려오는 거리
나란히 손잡고 걸었던 거리가 낯설다
길 위에서 길을 묻는다

많은 인파에 묻혀
한참을 걷다
돌아보면
다시 그 자리
낯선 얼굴들
언제나 그 자리에 있을 것만 같았던 것들이 모두 낯설다

넓은 창가에 서서
길 건너 나를 바라보던
그 눈길도
그 미소도
이제 사라지고 없다

하얀 백사장이 내려다보이는 언덕 위 찻집
나란히 앉아 사랑을 속삭이던 라이브 카페
네온 불빛 화려한 거리 극장 뒷골목 포장마차
사랑으로 이름 지어진 자리마다 다 폐허다

또다시
안개 자욱한 길 위에서 길을 묻는다

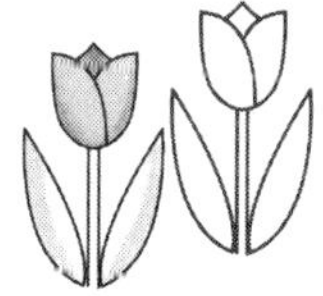

기다림

어둠이 내려오는 호수 언덕 찻집
넓은 창가에 앉아
상념에 잠겨 있을 때

누군가를 그리워하는 사람이
있냐고 물어와

고개를 저으며
멋쩍은 미소를 짓는다

좋아했지만
사랑은 아니라고

나를 향해 미소 짓던 그 모습이
기억 속에 아련히 남아 있을 뿐이라고

은행잎 물들지 않은
이른 가을날

길가 붉나무 붉게 타 버린 가슴으로
홀로 애태우며 온통 그리움에 젖어든다

3

사랑은 기다림입니다

사랑은 못 다한 마지막 입맞춤 같은 미련이다
그리고 기다림은 솜사탕처럼 달콤한 설렘이다

시와 에스프리 2

나의 첫사랑

- 사랑은 봄비처럼 소리 없이 다가왔습니다

'남자는 첫사랑을 잊지 못하고, 여자는 마지막 남자를 잊지 못한다.'는 말이 있다. 오랜 세월이 흘렀지만 젊은 날 목숨처럼 사랑했던 그 여인을 잊지 못하고 있다. 그 여인은 나에게 첫사랑의 아름다운 꽃을 가슴속에 피어나게 해준 여인이었다.

"실례합니다."

봄을 재촉하는 빗속을 한참을 걷다가 쇼윈도에 걸려 있는 하얀 장미꽃무늬가 새겨져 있는 드레스셔츠를 바라보고 있을 때, 등 뒤에서 명확하지 않은 발음의 여자 목소리가 들려왔다. 시선을 돌리다가 어깨 너머 유리창에 비친 우산 속 푸른 눈 금발의 여인과 시선이 마주쳤다.

창에 비친 여인의 모습에 눈을 떼지 못하고 있는 나에게 서툰 발음으로 "안녕하세요." 그녀가 다시 인사를 건넸다. 대답 대신 얼굴을 물끄러미 바라보며 우두커니 서 있는 나에게 그녀는 메모지에 적힌 건물 이름을 보여주었다.

그녀와 한 블록을 지나 길 건너편 건물을 가리키며 인사를 하고 돌아서는 나를 그녀는 짧은 영어로 잠시만 기다려 달라고 말하고는 빠른 걸음으로 건물 안으로 들어갔다.

길 건너 건물이 보이는 찻집에 앉아 그녀를 기다렸다. 그녀는 30분 만에 돌아왔다. 서툰 말로 "고맙습니다."라는 그녀의 말을 듣는 순간 나도 모르게 웃음이 터져 나왔다. 볼일은 어떻게 잘 보았느냐는 물음에 그녀는 "네. 네." 짧게 답하고는 활짝 웃음을 보였다.

사랑은 그렇게 소리 없이 내리는 봄비처럼 그렇게 왔다. 비는 나에게 수많은 추억을 가져다주었다. 그날은 소리 없이 창을 적시는 빗방울을 바라보다 무작정 길을 나선 날이었다. 그렇게 운명은 또 다른 서막을 예고하고 있었다. 그날은 무엇인가에 이끌려 평소 잘 가지 않는 길을 갔었다.

신 에로스는 내 편이었다. 그녀 이름은 빅토리아였다. 깊고 푸른 눈, 어깨까지 내려오는 금발, 오뚝한 콧날, 붉은 입술, 길고 쭉 뻗은 다리, 그녀는 나보다 몇 센티는 더 커 보였다. 그녀는 강남의 입시학원에서 영어 강사로 근무하고 있었다. 고향 영국에는 부모님과 아래에 여동생이 있었다. 그녀는 작은 항구에서 태어났다고 했다.

그녀의 서툰 한국어에 대화를 하는 내내 난 웃음을 참지 못했다. 짧은 시간에 웃고 떠들며 이야기하는 동안 우린 많이 가까워져 있었다.

그녀가 빛바랜 책장 속에서 걸어 나왔다
예전의 그 모습 그대로인 채
하얀 목련 아래에서
날 보며 웃었던 그날처럼

활짝 웃고 있다

꽃비 내리는 길을 걸으며
낮은 속삭임으로 영원으로 이끌던 목소리가
귓가에 가득 울려 퍼진다

그녀가 먼 추억 속에서 걸어 나왔다

하얀 미소를 흔들며
칸델라 향 가득 안고서
멈춰 버린 시간 속에서 나를 향해 웃고 있다

–「추억 2」전문

일주일 후 우린 처음 만났던 그곳에서 다시 만났다. 커피를 마시고 차를 타고 시내로 갔다. 밝고 활발한 성격의 그녀는 끊임없이 내게 말을 건네 왔다. 알아듣지 못할 말로 황당할 때도 있었지만 난 그녀가 싫지 않았다. 아니 마냥 좋았다. 금발의 미녀와 팔짱을 끼고 걷는 모습을 사람들은 부러운 눈으로 다들 돌아다보았다.

늘 시간에 쫓기는 그녀와 나는 자주 만나지 못했다. 일주일에 한 번 꼴로 주말이나 휴일에 만났다. 다른 날은 그녀가 퇴근하는 늦은 밤에 만나 하숙집까지 데려다 주는 것이 고작이었다. 그녀가 쉬는 날은 하루 종일 함께 붙어 지냈다.

인사동으로 가서 그녀가 좋아하는 국수도 먹고, 남대문 시장에 가서 옷도 사고, 충무로에 영화도 보러 가기도 하면서 우린 즐거운 날들을 보냈다. 그렇게 온종일 시간을 보내다가도 헤어지는 시간이 되면 밝기만 하던 그녀는 큰 두 눈 가득 눈물을 보였다.

우리가 만난 시간은 빠르게 흘러 한 계절이 훌쩍 지나갔다. 그녀는 언제나 나와 함께 있기를 원했다. 내 품 안에서 잠들고 아침에 행복한 모습으로 눈 뜨기를 원했다. 난 그녀를 책임질 자신이 없었다. 조금만 더 조금만 더, 나는 다른 이유를 대지 못하고 기다려 달라는 말만 되풀이했다.

어느새 가을이 성큼 다가오고 있었다. 거리에 바람이 심하게 불었다. 문득 어머니 생각이 났다. 밤차를 타고 고향집으로 내려갔다. 다음날 오후 늦게 친구한테서 전화가 왔다. 그 길로 서울행 차를 탔다. 그녀는 하숙집 앞에서 나를 기다리고 있었다. 아무 말없이 자기를 혼자 두고 갔다며 펑펑 소리 내어 울었다.

그녀를 겨우 달래 하숙집에 데려다 주고 얼마 지나지 않아 누군가가 창을 두드렸다. 그녀였다. 큰 가방 두 개가 양손에 들려 있었다. 그녀를 데리고 근처 찻집으로 갔다. 그녀는 단호했다. 명랑하고 순수한 모습만을 보아온 터라 나는 무척 당황스러웠다. 다음날 우리는 지낼 방을 종일 구하러 다녔다. 함께하는 첫날 밤 그녀는 무척 행복해했다. 우리의 동거는 그렇게 시작되었다.

그녀는 부지런했다. 학원에 다녀와서 청소하고 빨래하고 강의 준비하고 늦게 잠들어도 일찍 일어났다. 아침엔 따뜻한 우유와 빵을 먹었다. 나는 행복했다. 이런 날들이 영원히 계속되기를 원했다. 내성적인 나와 외향적인 그녀와는 서로 성격이 잘 맞지 않았지만 우린 서로에게 충실했다.

그녀의 몸매는 비너스를 연상케 했다. 밤은 나를 흥분의 도가니로 몰고 갔다. 밤마다 열정적인 사랑을 했다. 사랑은 아름다운 또 하나의 세상이었다. 친구들은 나를 무척 부러워했다. 우리가 사는 집에 오려고 모두 안달이었지만 그 누구도 허락하지 않았다. 그녀와 나의 공간에 다른 시선이 머무는 것이 싫었다. 아침이면 그녀의 달콤한 키스가 기다리고 있었다.

해가 바뀌고 어느새 가을이 왔다. 그녀는 비자 연장을 위해 출국을 해야만 했다. 그녀는 영국에 함께 가자고 했다. 난 대답을 미루기만 했다. 그녀를 깊이 사랑했지만 우리 부모님에게서 결혼 승낙을 받을 엄두가 나지 않았다. 결국 그녀를 혼자 보내야만 했다. 그녀는 사랑하는 사람이 있다는 사실을 알리고 결혼 승낙을 받아 오겠다는 약속을 하고 떠났다.

그녀가 떠난 지 일주일 후 학원으로 전화가 왔다. 울먹이는 목소리로 사랑한다는 말만 되풀이하다 전화를 끊었다. 한참 만에 편지가 왔다. '나를 기다려 주세요. 꼭 보러 갈게요. 사랑합니다.' 절절한 내용이었다.

그녀는 한 달이 지나고 두 달이 지나도 오지 않았다. 헤어져 있는 시간만큼 우리의 사랑은 아픔이 되어 빗물처럼 흘러내렸다. 못난 내 자신이 미웠다. 날마다 술에 취했다. 그때마다 전화를 했다. 몇 번의 통화 후에 전화는 연결되지 않았다.

아픈 사랑은 멍울이 되어 가슴 깊이 맺혔다. 나는 그녀를 잊으려고 발버둥을 쳤다. 무심히 흐르는 세월 속에 그녀는 서서히 내 기억 저편으로 흐릿하게 점점 퇴색되어 갔다.

원고를 보낸 출판사에서 책을 보내왔다. 책장에 어지럽게 꽂

혀 있는 책들을 정리했다. 누렇게 바랜 시집을 꺼내 들자 책갈피 속에서 몇 장의 사진이 떨어졌다. 아련한 기억 속에 그녀가 예전의 그 모습 그대로 나를 향해 활짝 웃고 있었다.

내게 많은 추억을 주고 간 그녀를 단 한 번만이라도 보고 싶다. 미안하다는 말과 함께. 진정 사랑했노라고 말하고 싶다. 너무 늦었지만.

그대를 사랑합니다

그대를 만나고 또 가을을 맞습니다
지난날 바람 불어 거리의 은행잎 무수히 지던 날
수줍은 미소 지으며 다가와 내 입술에 입 맞추던
당신의 모습이 생각납니다
우리가 사랑하는 동안 속절없이 흐르는 시간 속에
세 번의 계절이 오고 갔습니다
당신을 사랑하고 꿈만 같은 날들이 이어지고 있지만
당신의 깊은 눈동자를 바라보고 있노라면 나도 모르게
눈가에 이슬 맺히게 합니다

그대가 나를 사랑하듯이
그대를 진정 사랑하겠습니다
그대를 사랑하고
하루하루의 일들이 힘들고
고통스럽다 하여도
그대를 사랑하겠습니다

그대가 나를 사랑하듯이
그대만을 아끼며 사랑하겠습니다
그대를 사랑하고
높은 파도가 닥쳐와도

깜깜한 어둠 속 길일지라도
언제나 그대와 함께 하겠습니다

그대가 나를 사랑하듯이
영원히 그대를 사랑하겠습니다
내일을 알 수 없는 불투명한 삶이지만
진정 그대를 위하여
변함없이 그대를 사랑하겠습니다

그녀에게서 온 메시지 1

화려한 드레스 걸린
금발 마네킹 어깨 너머
눈부신 햇살이 넓은 창을 가득 메우고 있는 오후입니다

눈코 뜰 새 없이 바쁜 시간을 보내고 난 지금
넓은 창 가득 번진 햇살과 함께
환하게 웃는 당신 모습 다가와
눈을 뗄 수가 없습니다

뜨거운 찻잔을 들고 서
길 위로 지나가는 연인들 행복한 웃음소리에
그대 눈길 내 가슴에 와닿는 듯
내 작은 가슴은 터질 듯 부풀어 오릅니다

그대를 사랑하고
그대를 그리워하고
그대를 기다리는
내 마음은 어느새
바람에 떨어지는 꽃잎처럼 축축이 젖어듭니다

날 사랑한다는 그 말

그대의 그 한마디가
외로운 이 가슴에 위안이 되어
오늘도 난
그대만을 하염없이 기다립니다

나를 사랑하는 당신을 사랑합니다
내가 가진 모든 것은
내 꿈의 모든 것은
나의 모든 것은
그리고 내게 남겨진 모든 시간은
그대 위해 바치렵니다

그녀에게 보내는 메시지 1

그리운 그대여!

바람 한 점 없는 낮은 구름 낀 길을 걷다가
갑자기 쏟아져 내리는 비를 피해 어느 낯선 처마 밑에 서서
그대 생각에 빠져듭니다
지난밤 세차게 내리는 빗방울 소리에 잠에서 깨어
그대에게 전화를 걸었을 때
그대 젖은 목소리는 나를 깊은 시름에 잠기게 했습니다

내가 처음 그대를 만나
그대를 내 가슴에 품었을 때
그대와 나는 특별한 운명에 내맡겨졌지요
그때 우리는 인생과 사랑을 충분히 알고 있었기에
우리 두 사람은 사랑에 빠지지 않으리라 생각했지만
우리는 서서히 서로를 사랑하게 되었습니다
비록 나 지금은 그대 곁에 머무를 수 없지만
그대를 만나고 난 후부터
잠시 잠깐도 그대를 잊은 적이 없고
그대를 사랑하게 된 것을 후회도 않으며
하늘이 우리 둘만의 시간을 허락하기만을 기다리고 있답니다

그대여!
지금 나의 가슴은 고요하고 평화로운 그림자로
가득 차오르고 있습니다
슬픔과 고통과 외로움 속에서
그대는 나에게 감미롭고 아름다운 위안입니다

그대를 사랑합니다

그녀에게서 온 메시지 2

수많은 사람들이 오고가는 네거리
화려한 옷 걸린 창가에 우두커니 서서
거리에 다정히 손잡고 걸어가는
연인들의 행복한 얼굴을 바라보다
그대 모습 떠올리며 전화를 들었습니다

그대 어디에 계시나요
그대 지금 무얼 하고 계신가요

빛을 잃은 내 목소리는 표정 없이 하얀 손 흔들고 있는
차가운 마네킹 입술에 맴돌다 허공에 흩어져 내렸습니다

짙은 어둠이 내려와 사람들이 하나둘씩 떠나간 거리에는
바람 따라 흘러가지 못한 채
길 위에 누워 있는 낙엽만이 마른 소리를 내며
무거운 발길을 옮기는 나에게 손을 내밀고
외로움에 지친 희미한 가로등 불빛만이
내 뒤를 말없이 따라옵니다

그대여!
내가 이토록 그대를 그리워할 줄은 예전엔 몰랐습니다

그대여!
내가 이토록 그대를 보고파 할 줄은 미처 몰랐습니다

사랑합니다
사랑합니다

그대를 만나고 난 후부터 사랑한다는 말을
이토록 셀 수 없을 만큼 하게 될 줄은
예전엔 알지 못했습니다

그녀에게 보내는 메시지 2

강으로 활짝 열어둔 창문 사이로 흐르는 바람이
머리카락을 부드럽게 만지며 지나가는 오후입니다

그대와 꿈만 같았던 짧은 밤이 지나고
온통 그대 생각에
오늘 하루가 어떻게 지나갔는지 알 수가 없습니다

그대의 머리칼에서 묻어났던 향기
그대 몸짓 따라 피어난 진한 살내음이 뇌리에서
가슴으로 전해오는 동안 뜨거운 열기가 등 뒤에서 솟구쳐 올라
난 어느 새 붉은 노을이 되고 맙니다

그대를 사랑할수록 그대가 그립습니다
그대 때문에 난 또 하나의 세상을 마주하게 되었고
지금까지 살아오면서 느끼지 못한 일들이
가슴을 벅차오르게 합니다

그대가 지금 내 곁에 없음을 슬퍼하지 않습니다
그대는 비록 손을 뻗어 닿을 수 있을 가까이에 없지만
내 마음속의 그대와 언제나 함께 하기에
난 결코 외롭지 않습니다

그대여!
우리의 만남이 짧았던 시간으로 기억될지라도
결코 슬퍼하지 않으며
하늘이 내게 준 그대를 사랑합니다
내가 가진 모든 것을
내 꿈의 모든 것을
그대에게 바치렵니다

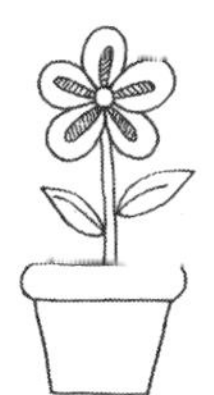

그녀에게서 온 메시지 3

나를 사랑해준 당신을 사랑합니다

아침에 눈을 뜨면 그대는 저 태양보다도 더 빨리
내 마음속에 떠오릅니다
매일같이 반복되는 일상 속에서
그대는 빛과 같은 유일한 나의 통로입니다

그대와 주고받는 문자, 전화 속에서
나는 작은 행복과 큰 기쁨을 맛봅니다
온종일 많은 사람들과 대화를 하면서도
내 영혼은 언제나 그대와 함께 하기에
난 결코 지치지 않습니다

그대를 사랑합니다
그대를 진정 사랑하기에
그대 곁을 영원히 떠나고 싶지 않습니다

내게 얼마 남지 않은 삶에서
나 그대에게
가장 좋은 나날들을 바치겠습니다
매일매일 그대의 모든 일이

나로 인해 즐겁고 행복하기만을 바랍니다

나를 사랑해준 그대를
내 모든 것을 다 바쳐
내게 주어진 삶을 다 바쳐
그대를 사랑하겠습니다

그녀에게 보내는 메시지 3

늦은 새벽 창밖 요란하게 떨어지는
빗방울 소리에 잠에서 깨어나
온통 그대 생각에 뒤척이다 강으로 나갔습니다
불 꺼진 다리 난간에 서서 검은 강 위로
무수히 떨어지는 빗방울을 바라보며
그대 그리운 마음을 달랬습니다

지난밤 그대가 나를 보러 온다는 말에
온종일 들뜬 마음으로 보내다가
갑작스런 일로 오지 못한다는 말을 전해 들었을 때
쓸쓸한 내 마음은 아쉬움으로 가득 차올랐습니다
그대와 나는 서로의 주어진 일상 때문에 늘 헤어져 있는 것이
하나의 고통으로 다가와 나를 힘들게 합니다

그 누군가를 넘치게 사랑한다면 그것은 바로 그대입니다
나는 그대를 진정 사랑한다고 말하지만
그 말은 어느 순간 내 가슴을 아프게 합니다
오늘처럼 내가 깊은 외로움을 느낄 때
그대는 손닿을 수 있는 가까이에 없기에
내 마음은 안타까움만 더해 갑니다

비바람 몰아치는 강을 따라 걸으며
그대를 사랑할 수 있다는 것만으로도 작은 위안을 삼습니다
그대가 너무나 그립습니다
그대가 오늘따라 무척 간절해져 옵니다

그리운 그대여!
진정 그대를 사랑합니다

그녀에게서 온 메시지 4

보고 싶은 그대여
지금 창밖엔 비가 내리고 있습니다

그리움 가득 안고 내리는 비는
소리 없이 넓은 창을 흠뻑 적시고 있습니다
뜨거운 찻잔을 들고서
길 위로 빠르게 지나가는
사람들을 바라보며
온통 그대 그리움에 빠져 있습니다

메마른 가슴에 사랑을 심어준 그대여
그대와 떨어져 있는 이곳은
나 홀로 외로운 곳이랍니다
그대를 사랑하기에
그대 곁에서 영원히 머무르고 싶습니다
그대는 나의 육신과
영혼에 가장 가까이 다가온
단 하나의 사람입니다
가슴으로 느낄 수 있는 한
내 영혼이 숨 쉴 수 있는 한
그대를 사랑하겠습니다

그리고 당신의 사랑을 기다립니다
창밖엔 어느새 어둠이 내려오고 있습니다
난 오늘밤도 그대 그리움 가득 안고 잠이 들 것입니다

그녀에게 보내는 메시지 4

어젯밤 꿈속에서 그대를 보았습니다
미소 없는 얼굴
슬픔 가득한 표정
나를 외면한 채
한마디 말도 없이 뒤돌아 가는 그대를
부르다가 잠에서 깨어났습니다

지난 늦은 밤
그대의 손을 놓고 돌아설 때
멀어져 가는 내 뒷모습을 바라보다
손을 흔들며 눈물짓던
그대 모습이 떠올라 다시 잠 못 이루고
안개 자욱한 강으로 나갔습니다

그대를 깊이 사랑하면서도
그대 곁에 머무르지 못하는 나는
그대보다 더 많이 고독합니다
전화 속 사랑한다는 말은 수없이 하면서도
정작 그대 앞에 서면 다른 말로 얼버무리게 됩니다

지금 이 순간

그대에게 달려가고 싶습니다
그대 따뜻한 품속에서 깊은 잠을 자고 싶습니다
난 지금 아무것도 할 수 없음을 슬퍼합니다
그대에게 아무것도 해 줄 수 없음을 안타까울 뿐입니다
그대가 나를 진정으로 사랑한다는 말이
나에게 작은 위안이 됩니다

그대와 내가 헤어져 있는 이 순간에도
우리 사랑의 추억이
그대를 위로하기를 바랍니다

사랑합니다
그대를

그녀에게서 온 메시지 5

오랜만에 친구들과 함께 술을 마셨습니다
요란한 음악이 울리는 라이브 카페에 앉아
우린 큰소리로 웃고 떠들며 이야기를 했지만
온통 그대 생각에 난 즐겁지가 않았습니다
친구들과 작별 인사를 나누지 않은 채 혼자 그곳을 빠져나와
집으로 돌아와 쓰러져 잠이 들었습니다

꿈속에서 그대를 보았습니다
손에 닿을 듯 어서 오라는 그대 손짓에
그대를 향해 가다가
갑자기 사라져버린
그대가 부르다가 잠에서 깨어났습니다
그리곤 밤새 자리에서 뒷 돌다 일어나
우리가 함께 걸었던 바다 산책로를 따라
하얀 등대가 있는 방파제 끝에서 먼 수평선을 바라보며
이글거리는 태양 아래에 온몸에 열기가 가득해지도록
서 있었습니다

어느새 나의 가슴은 그대를 향한 열망으로 가득 차올랐습니다
내가 외롭다고 느낄 때마다
저 안개의 장막이

내 안의 나를 압도해 올 때마다
나는 그대의 사랑을 기다립니다
그리고 숭고하거나 아름답지 않은 모든 것들을
가볍게 지나칠 수 없는 힘을
그대로부터 내 영혼의 빛깔 속으로 잠기게 합니다

이 순간
그대에게 다가가고 싶습니다
그대의 따뜻한 눈길을 받으며
그대의 무릎에 나의 지친 영혼을 누이고 싶습니다
내 생에서 가장 소중한 그대
나에게 있어 그대는 하나의 운명이며 새로운 가슴입니다

사랑하는 그대여!

밤의 고요 속에 그대가 홀로 있을 때
그대 가슴의 한 가닥 숨결을 내게 선해주오
그러면 나는 더 잘 견딜 것입니다

사랑합니다
그대를

그녀에게 보내는 메시지 5

사랑하는 그대여!
지금 창밖에는 장대비가 쏟아지고 있습니다
비는 나를 방안에 온전히 가둬 놓은 채 거센 바람을 몰고 와
넓은 창을 세차게 흔들고 있습니다

그리운 그대여
나는 지금 아무 일도 할 수가 없습니다
그대에게 달려가고 싶은 강렬한 욕구가 온통
내 영혼을 지배하고 있습니다
너무 많은 것들이 나의 내부 안에서 일어나고 있어
조금도 움직이지 못한 채 창밖만 바라보며
우두커니 서 있습니다

침묵은 고통스럽습니다
난 어떤 말이든 그대에게 다하고 싶습니다
사랑한다는 말을 수도 없이 하고 싶습니다
그러나 나는 내 가슴과 영혼을 채우는 것에 대하여
많은 일을 할 수가 없습니다
그대를 깊이 사랑하고
그대를 간절히 원하면서도
지금 이 순간 아무 일도 할 수 없음을 안타까울 뿐입니다

나를 진정 사랑한다는 그대
내 안에 있는
모든 힘을 다하여
그대를 사랑한다는 말을 외치고 싶습니다
바람이 부는 대로 누웠다가 일어나는 풀잎처럼
영혼이 뱉어내는 진실로
그대를 사랑하고 싶습니다

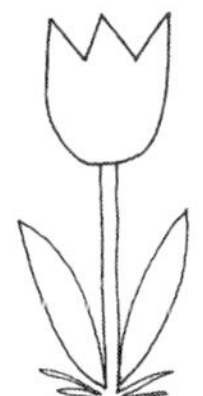

그녀에게서 온 메시지 6

이른 아침에 잠에서 깨어
안개 자욱한 바다 산책로를 따라 걸어 돌아왔습니다
그대와 함께 걸었던 이 길은 나 혼자 쓸쓸한 길입니다

그대가 내 손을 놓고 어둠 속으로 멀어져가던 지난 밤
그 길로 나는 자리에 눕고 말았습니다
몇 날 며칠을 고열에 시달려야만 했습니다
내겐 하루하루가 너무나 길기만 합니다
의미 없는 날들이 무심코 가버리는 것만 같아
내 몸엔 힘이 하나도 남아 있지 않는 것 같습니다
날이 가면 갈수록 왜 이렇게 힘이 드는지
오늘따라 그대가 야속하기만 합니다

우리는 언제 매일같이 다정히 손을 잡고
산책을 하고
사람 많은 시내를 걸으며
강이 내려다보이는 카페에 앉아 차를 마시며
아침에 함께 눈을 뜨고
화분에 향기로운 꽃을 기를 건지
그대와 나란히 소파에 앉아
하루의 일들을 이야기하며

행복한 잠자리에 들 수 있는
그날이 내일이기를 간절히 바라는 마음입니다

오늘밤도 나는 깊은 잠을 못 이룰 것 같습니다
파도소리 들려오지 않는 이 밤
그대가 무척 그립습니다

그녀에게 보내는 메시지 6

짙게 구름 낀 하늘 사이로 간간이 햇살이 내리는
늦은 오후입니다
강을 따라 불어오는 시원한 바람을 맞으며 걷다가
그대와 마주앉아 커피를 마시던 언덕 위 창 넓은
이층 카페에 앉아 온통 그대 생각에 빠져듭니다

지난 토요일,
무작정 그대를 찾아갔을 때
길 건너 서 있는 나를 보며 당황하며 달려 나오던
그대의 부쩍 야위어진 모습에 나도 모르게
가슴이 뭉클해져 솟구쳐 오르는 눈물을 애써 참느라
먼 곳만 바라보며 있었습니다
그런 나를 보며 원망도 않은 채
그대는 내 등을 껴안은 채
말없이 한참을 있었지요

그대에게 다녀온 후,
나는 열병 앓는 아이처럼 사흘 내내
아무 일도 할 수가 없었습니다
사람들과 차를 마시거나
서재에 앉아 책을 펼쳐 봐도

온통 그대 생각뿐이었습니다

우리가 헤어질 시간이 되자
아무 말없이 내 얼굴만 물끄러미 바라보고 있는 그대에게
조금만 더 기다려달라는 내 말에
두 눈 가득 눈물 고이는 그대에게
안녕하며 마지막 말을 남기고 돌아설 때
내 마음은 오래된 가슴앓이처럼 고통스럽게 아려왔습니다

강 건너 전조등을 켠 채
길 위로 끊임없이 꼬리를 물고 달려가는 차들을 바라보며
이 순간 그대에게 달려가고픈 욕구가
내 안에 가득 차오릅니다
내게 너무나 소중한 그대를 사랑합니다
그대는 이 세상 누구보다도 아름답습니다
그리고 성스럽습니다
나는 그대의 어두운 쪽을 밝히는 빛이 되고 싶습니다

사랑합니다
영혼을 다 마시는 그날까지

두 마음

너를 그리워하면서도

보고 싶다는
마음과

참고 견디는
마음이

서로 팽팽하게
온종일 줄다리기를 하고 있다

미로(謎路)

몇 날을 그리워하다가
무작정 나선 밤
자동차 불빛에 탈색된 빗속을 달려
비릿한 바다 냄새 밀려드는
비 쏟아지는 거리에 섰다

손 내밀면 닿을 것 같은
두 팔 벌리면 달려와
안길 것만 같은 사랑
대답 없이 꺼져 버린 전화
네가 다니던 길목에서 서성이다
어두운 거리를 정처 없이 걷다가
돌아보면 다시 그 자리

목마르던 시간
시린 눈으로 지친 밤을 보내고
돌아오는 길
비에 젖어 불 꺼진 다리
온몸으로 섬을 끌어안은 채
소리 없이 뒤를 따라 오고 있었다

사랑향기

꽃이
제 아무리 향기롭다 하여도

그대가
나에게 적셔 놓은
향기만큼 할까

4

사랑은 외로움입니다

사랑은 사랑으로 가득 채워져야 아름답듯이
사람의 마음은 사람으로 채워져야 아름답다

시와 에스프리 3

두 번째 첫사랑

- 사랑은 소나기처럼 거침없이 다가와 온몸을 적시고 는개비 되어 갔습니다.

점점이 켜져 있는 다리 난간 위 삿갓조명 불빛에 날아든 흰꼬리 나방이 거미줄에 걸려 연신 날개를 퍼덕거리며 몸부림을 치고 있다. 밝은 빛 가득한 한낮에는 무엇을 했는지 어둠 속 붉은 빛의 유혹에 몸을 왜 내던졌는지 지난날 끝없는 나락 속으로 내몰았던 내 자신이 마치 저 흰나방을 닮은 것 같아 마음이 아려 온다.

오래전 내 곁을 떠나간 그녀를 보았다. 나를 죽도록 사랑한다던 그녀는 우리가 만난 지 일 년이 채 되지 않아 거리에 꽃비가 무수히 내리던 봄날 아무런 말도 없이 내게서 떠나갔다. 난 그녀를 찾아 안 가 본 곳이 없었다. 그녀를 아는 모든 사람들을 찾아다녔지만 한결같이 모른다는 대답만 돌아왔다.

그녀가 떠난 후 난 또다시 깊은 방황 속에 빠져들었다. 매일 술로 지새다시피 했다. 그리고 그녀가 내 곁을 떠난 지 삼 년이 되던 해 그녀는 브라운관에 혜성처럼 나타났다. 그 길로 나는 서울로 올라갔다. 그녀의 어머니와 오빠는 그만 잊으라고 했다. 그녀의 삼촌들까지 합세해서 나를 몰아세웠다. 난 돌아서서 뜨거운 눈물을 삼켰다.

어느새 봄이 오고 있습니다
강을 따라 불어오는 바람은 아직 서늘하기만 합니다
어제 내린 비에 꽃들이 무수히 피어났습니다

이맘때가 되면
난 그대 생각에 아무것도 할 수가 없습니다

날 두고 가 버린
그대가 야속하기만 합니다
구름 한 점 없는 푸른 하늘에
외로이 떠 있는 낮달은
자꾸만 나를 슬프게 합니다

지는 해를 따라
그대와 나란히 걸었던 강을 따라 걸어갑니다
붉게 물들었던 강위로 어둠이 내려와
회색빛 도시에 불을 밝히고
싫은 외로움을 어둠 속에 감추어 버립니다

-「그대가 그립습니다」 전문

나는 그녀가 나오는 드라마를 한 번도 빼놓지 않고 다 보았다. 그녀는 신인임에도 불구하고 얼마 지나지 않아 스타 반열에 올랐다. 연말에는 신인상을 각 방송국에서 받았다. 이미 남이 되어 버린 그녀를 잊으려고 애를 썼지만 그녀는 브라운관에서 예전처럼 밝게 웃고 있었다.

서울에서 직장을 그만두고 고향으로 내려온 나는 별다른 직업 없이 매일 술에 의지하며 지냈다. 가을색이 짙어 가던 어느 날, 친구의 전화를 받고 나간 자리에서 그녀를 처음 만났다. 영문도 모르고 불려 나온 나는 그녀와 마주앉은 자리에서 몇 마디의 말도 나누지 않고 그녀를 돌려보냈다.

다음날 집으로 찾아온 친구는 무척 화를 냈다. 난 친구의 성화에 못 이겨 억지로 약속을 했다. 며칠 후 약속을 잊은 채 한낮이 다 되도록 작은 골방에 널브러져 자고 있던 나를 친구는 반 강제로 끌고 가 그녀 앞에 앉혔다. 부스스한 머리, 덥수룩한 수염. 핏기 없는 내 얼굴을 본 그녀는 아무런 말도 하지 않은 채 세 시간을 창밖만 바라보다 말없이 가 버렸다.

사랑하는 여인아

저 하늘 끝에 붉게 노을 진
석양을 보았는가

내 너를 사랑하면서도
너에게 다가가지 못 하고
떠도는 바람처럼
구름처럼
너의 마음을 열지 못 하고
너의 안에 앉지 못 하니
나의 가슴은 붉은 노을이 되었다
오오!

사랑하는 여인아

물기 머금은 그대 깊은 눈
분홍빛 그대 미소
다정한 그대 목소리 만나
붉게 노을 진 강을 따라
나란히 길을 가고 싶다
-「사랑하는 여인아 1」 전문

난 그 길로 해장국 한 그릇과 소주 한 병을 마시고 쓰러져 잠을 잤다. 잠결에 이상한 느낌이 들어 눈을 뜨니 어두운 방안에 그녀가 나를 내려다보며 앉아 있었다. 난 깜짝 놀라 밖으로 나갔다. 한참 후에 돌아오니 그녀는 가고 없었다. 그날 이후 그녀는 내가 없는 틈을 타 내 방을 청소하고 갔다.

그녀는 홀어머니와 둘이 살고 있었다. 오빠와 동생은 서울에서 생활하고 있었다. 고등학교에 다닐 무렵 아버지는 세상을 뜨고 삼 남매 공부를 어머니가 시장에서 방물장사를 해서 대학을 마쳤다고 했다.

그녀는 간호대학을 졸업하고 병원에서 간호사로 근무하고 있었다. 아담한 몸매에 큰 눈에 선명한 쌍꺼풀, 오뚝한 코, 하얗고 맑은 피부, 또렷하고 낭랑한 목소리, 그녀는 점점 내게 다가왔다.

그녀는 나를 무척 좋아했다. 내가 원하는 것들은 모두 들어주었다. 우리의 만남은 늘 그녀가 나를 찾는 것에서부터 시작됐다. 그녀를 만나고 첫 번째 가을이 왔다. 거리의 단풍이 곱게 물드는 주말 오후에 우리가 자주 가던 이층 음악다방에서 만난 그녀는 임신 사실을 내게 알렸다.

그녀 어머니는 펄펄 뛰었다. 변변한 직업 없는 나에게 딸을 못 준다고 했다. 오빠가 살고 있는 서울로 딸을 데려갔다. 그녀 오빠에게 간곡하게 부탁했다. 사람 좋은 오빠는 어머니를 설득했다. 그녀 어머니는 요지부동이었다. 찾아간 집 밖에서 문전박대를 당하고 발길을 돌릴 수밖에 없었다.

그녀를 다시 만난 건 석 달이 지난 후였다. 오빠, 삼촌들까지 가세해 두 번 다시 그녀를 찾지 말라고 했다. 그녀는 아무 말 없이 소리 없이 흐느끼고만 있었다.

세차게 창을 흔들며 내리는 봄비는 회색빛 도시를 흠뻑 적시고 있다. 노란 산수유 향기가 빗속을 뚫고 바람에 실려와 코끝을 자극한다. 영원을 약속했던 그 사람, 이제 중년이 된 그녀도 조금은 변해 있었지만 예전 모습과 다름이 없었다.

그녀는 탤런트가 된 지 십 년 만에 모 방송인과 결혼을 했다. 그녀는 결혼을 하고 브라운관에서 소리 없이 떠나갔다.

그리고 두 아이의 엄마가 되어 살던 그녀는 얼마 전 멜로드라마 주인공이 되어 브라운관으로 다시 돌아왔다. 이십 년이 흐른 그녀의 지금 모습은 아주 평온해 보였다.

드라마 속 붉게 핀 철쭉 앞에서 그녀가 얼굴 가득 웃음 짓고 있다. 죽을 만큼 아파하고, 죽을 만큼 그리워하고, 죽을 만큼 사랑했던 기억들이 그녀 얼굴과 교차하며 지난날을 글썽이게 한다.

그 女子 1

화려한 인조석 벽 너머로 희미하게 들려오던 음악소리가 일순 커지며 익숙한 화장품 냄새가 한 움큼의 빛과 함께 쏟아져 들어와 뇌리를 찌르며 노란 할로겐 빛을 등진 가녀린 하얀 손이 벽을 더듬자 딸깍 하는 소리와 함께 천장에 매달린 연꽃샹들리에 휘황한 조명이 시선을 어지럽게 하는 순간 진한 위스키 냄새를 풍기며 다가온 붉은 입술이 메마른 입술을 덮친다.
넓게 패인 보랏빛 블라우스 사이로 터질 듯 한껏 부풀어 오른 젖무덤에 얼굴을 파묻고 싶은 욕망이 인다. 소파에 몸을 기댄 채 손을 뻗어 허리를 감싸자 풍만한 육체가 온몸을 누른다. 착 달라붙은 진바지, 잘록한 허리, 보기 좋게 살이 오른 엉덩이, 욕망이 날개를 단다

바람 불어 노란 은행잎 우수수 지던 날 우연히 만난 女子 목석같았던 女子 하이힐 걸음걸이가 뒤뚱거려도 뒷모습이 보기 싫지 않은 女子 메마른 가슴에 풀 한 포기 사라지 않는 겉모습만 여자였던 女子 슬픈 표정 짓다가도 돌아서면 하얀 웃음 보이던 女子 가슴속 깊은 사연 한산 술에 돌아서서 코피 쏟으며 울던 女子 여자이기를 포기한 女子 두 어깨에 짊어진 짐이 너무나 버거워보였던 女子 두 번 다시 사랑을 하지 않으리라 결심한 女子 돈에 한恨이 맺힌 女子 치마라곤 입지 않았던 女子 너무 솔직해서 그것이 단점인 女子 사랑을 믿지 않았던 女

子 노래 한 소절에 온갖 시름 잊는 女子 늦게 사랑을 알아버린 女子 마지막 사랑 지켜 달라고 날이면 날마다 간절히 기도하는 女子 이제는 간혹 치마도 입는 女子 화장도 하는 女子 사랑하지 않을 수 없는 그 女子

사랑하는 여인아 1

사랑하는 여인아
해질녘 석양빛 하늘 끝에 붉게 물든
노을을 보았는가

내 너를 사랑하고도
너에게 다가가지 못하고
떠도는 구름처럼
바람처럼
너의 마음을 열지 못하고
너의 안에 앉지 못하니
뜨거운 나의 가슴은 붉은 노을이 되었다

오! 오!
사랑하는 여인아

물기 머금은 그대 깊은 눈
분홍빛 그대 미소
다정한 그대 목소리 만나
붉게 노을 진 강을 따라
나란히 길을 가고 싶다

사랑하는 여인아 2

사랑하는 여인아
해질녘 석양빛에 붉게 물든 강을 보았는가

핏빛 가득한 저 강물은
너를 사랑하고
너를 가슴에 품은
내 심장의 고통 속에서 흘린 선홍빛 눈물이다

숨 막히게 흐드러지던
그 몸짓에
퍼드러지게
온몸을 던지던 그날들을 기억하는가

여인이여
웃음을 멈추어라

꽃들이여
미소를 거두어라

새들이여
노래를 멈추어라

흐르는 강물이여
시간을 멈추어라

너의 달콤한 속삼임이
오롯이 나에게 스며들 때까지

내가 바람이고
네가 바람이 될 때까지

사랑하는 여인아 3

사랑하는 여인아
깊은 밤
소리 없이 흐느끼며 내리는 빗소리를 들었는가

어두운 창을 타고 흘러내리는 저 빗방울은
너를 사랑하고
너를 그리워하며
고통으로 흘린 내 심장의 눈물이다

비야 내려라
온 밤을 적셔라

얼어붙은 대지여
잠에서 깨어나라
메마른 가슴에 뜨거운 피가 돌 때까지

뜨거운 열풍아 불어라
나의 사랑이 오롯이 너에게 스며들 때까지

내가 너이고
네가 나일 때까지

사랑하는 여인아 4

사랑하는 여인아
서쪽 밤하늘을 환하게 밝히는 새벽별을 보았는가

온 하늘 가득 밝게 비추는
저 새벽별은
너를 사랑하고
너를 그리워하며
너만을 위해
내 영혼을 불태운 찬란한 빛이다

사랑하는 여인아
잠 못 드는 밤
창을 열고 하늘을 올려다보아라
내 영혼을 불사른 눈부신 빛은
너를 위해 온 세상 가득 내릴 것이니

사랑하는 여인아
고통 없인 웃지 말아라
한 방울 눈물 없이 행복해하지 말아라
진정 사랑 없이 사랑한다고 말 하지 말아라
죽을 만큼 사랑해도
사랑은 못 다하고 끝나는 것이니

사랑하는 여인아 5

사랑하는 여인아
이른 봄부터 온몸을 붉게 물들이는 붉나무를 보았는가

온몸을 뜨겁게 물들이는 저 붉나무는
그 사람을 사랑하고
그 사람만을 그리워하며
수많은 날들을 보낸 고통의 몸부림이다

사랑하는 여인아
쉽게 사랑을 말하지 말아라
이 세상 모든 사랑이 만남이 쉽다고 하여도
아름답게 꽃피우기엔 너무나 어려운 것이니
마음을 열고 진실한 사랑을 할 것이다

사랑하는 여인아
흔들리지 말아라
열매를 많이 매단 나무는
거센 바람에도 가지를 흔들지 않으니
온몸을 다 바쳐 사랑하지 않으면
사랑은 영원하지 않을 것이다

사랑하는 여인아
순정을 다 바쳐 사랑하면
사랑은 영원을 노래할 것이다
오~오~
사랑하는 여인아
우리 천년을 노래하듯 그렇게 사랑하자

사랑하는 여인아 6

사랑하는 여인아
깊은 밤
소리 없이 점점 깊어져가는 강을 보았는가

밤이 깊어질수록
말없이 깊어져만 가는 저 강물은
오직 너를 사랑하고
너만을 그리워하는
나의 마음과 같으니

사랑하는 여인아
사랑을 확인하지 마라
너를 향한 나의 사랑은
저 깊은 강물과 같으니
나의 사랑은 영원할 것이다

사랑하는 여인아
진정 사랑한다면
사랑을 의심하지 마라
끝없는 사랑을 원한다면
모든 것을 다 내어주는 사랑을 해야 할 것이다

우리가 사랑할 시간이 많다고 해도
그 시간은 결코 많지 않을 것이니

아픈 사랑

침묵은 어둡다 늦은 새벽 올려다 본 하늘, 너의 별은 잠들기 전 더욱 빛을 발하고 있다. 몇 날 밤을 잠 못 들다 검게 흐르는 강가에 서서 술에 젖은 목소리로 너를 불러본다. 잠에 취한 너의 목소리는 손 전화 속 맴돌다 이내 멀어져 가고 우리 사랑 시간을 담보 삼아 타협하려 하지만 침묵은 너와 나의 간격을 더 벌려 놓을 뿐, 견우와 직녀처럼 안타까운 시간들만 하염없이 흐른다.

그대를 사랑하는 것은
그대가 아름답고 매력적인 때문만이 아니다
아침 이슬 맺힌 꽃이 더 진한 향기를 내뿜듯
그대는 순수하고 투명한 채로
내 창(窓)에 비치기 때문이다

그대를 사랑하는 것은
그대가 향기로운 꽃이기 때문만이 아니다
그대 눈길 닿는 곳마다
내 가슴엔 눈부신 햇살이 내리고
마음 닿는 곳마다 아름다운 꽃길이 열리기 때문이다

그대를 사랑하는 것은

그대에게 사랑의 의무를 부여하기 위함이 아니다
내가 가진 것을 온전히 그대로 주고 싶고
그대에게서 얻은 것을 고스란히 간직하고 싶은 때문이다

가벼운 사랑은 없는데

엷게 구름 끼어 있는 하늘 사이로 내리는 햇살이 아직은 두껍다. 바람 한 점 불어오지 않는 열기 가득한 거리는 간간이 스쳐 지나가는 몇몇의 사람뿐, 마음 한 곳 텅 비어버린 허허로움은 삶의 의욕마저 상실케 한다. 무반주 바이올린 연주 흘러나오는 찻집에 앉아 이제 너를 다시 볼 수 없을 거라는 생각에 깊은 한숨을 내쉬며 마음의 상처를 쓸어내린다. 차갑게 돌아서가 버린 사랑, 비록 가벼운 사랑이었다 하더라도 지나간 바람뒤엔 풀잎이 눕는다는 것을 알고 있는지……,
진한 헤이즐넛 커피향이 뇌리 속으로 파고든다. 뇌리 깊숙이 배여 있는 삭이지 않은 체취가 가슴을 후벼 판다.

우리에게 많은 날들이 있었는데
마주앉아 눈길 주고 받았던 날들
많은 이야기들 중에
하고 싶은 말
아직 남아 있었는데

사랑한다는 말들
그 말 중에
다하지 못한 말들은 가슴에 남았는데
차갑게 돌아선 사랑

저 멀리 떠나가 버렸으니
못다 한 그 말들을
이제 어디에다 다 할까

골목 너머 거리의 차 소리도 끊어진 새벽
창으로 스며들어 오는 달빛이
잠 못 이루는 마음 달래주고 가지만
목까지 잉잉거리는 추억이 아프다

가을을 남기고 가버린 사랑

큰 두 눈에 눈물이 금방 굴러 떨어질 그래서 슬퍼 보였던 그녀. 해당화 비에 젖어 떨어지던 날 우산 속 우수에 잠긴 모습 바라보다 마주친 얼울한 미소에 반해 버린 나, 오색등 점점이 켜져 있는 다리가 내려다보이는 이층 카페에 앉아 칵테일 한 잔에 귀밑 붉게 물든 모습이 너무 귀여워 던진 한마디에 큰 눈 치켜뜨며 활짝 웃음 짓던 그녀. 즐겁게 웃다가도 노을 진 하늘 보며 눈물 글썽이던, 그럴 때마다 내 가슴에 얼굴을 묻었던, 어두운 강가를 손잡고 걷기를 좋아했던 그녀는 아직도 내 마음속에 그대로 남아 있는데 죽는 날까지 사랑한다던 영원하지 못한 사랑을 남기고 가 버린 사랑. 그 가을은 다시 또 돌아와 가슴 저미게 한다.

어둠이 강물 위로 낮게 엎드린다
한낮 애태우던 그리움이 어둠 속에 묻히자
강 건너 노란 가로등 불빛에 슬픈 표정을 숙인다

지금 이 순간이 힘들어 사랑하지 않으려 해도 사랑을 않고 살 수는 없겠지. 꿈에서 깨어난다고 해도 삶이 송두리째 깨어진 것은 아니니까. 수많은 날들 흐르다 보면 또 다른 사랑이 찾아와 미소 짓겠지. 그러다가 비가 내리고 바람 불고 거센 폭풍우 밀려오겠지. 사랑은 언제나 기쁨만 주는 건 아니니까. 그렇게 사랑하다 보면 살다 보면 너도 알겠지. 지난 사랑이 아름다웠다는 것을.

바람꽃 1

이제
너를 버리련다

이제
너를 잊으련다

눈물처럼 차오르는 그리움을
바람에 날려 보내련다

바람꽃 2

바람이 불지 않는 곳에선
꽃을 피우지 않는다

산허리에 희뿌연 구름이 감싸면
뜨거운 바람이 분다
몸이 으스러지도록
세찬 바람이 불어와도
바람을 사랑해야 한다
몸을 사정없이 파고드는
거친 숨결이 머물고 간
짧은 만남의 이별에도
그대를 못 잊어
수많은 날을 기다리며
푸른 꽃 피워야 하는
너는
바람이 머무는 그곳에서
지난 사랑을 잊으리라

아이리스

그대 나를 잊었나요
창 밖에 내리는 비가 나를 울리네요
내가 어떻게 지내는지
그대 알고 있나요
그대 웃는 모습 이젠 떠오르지 않아
난 슬픔에 잠겨요

날 사랑했나요
낯선 타인처럼
우린 잊혀만 가야 하나요
내 목소리 듣고 싶지 않나요
그대 따스한 손길이 그리워요
나도 이제 그대 잊을까요
마음이 아파오네요
우두커니 나 이 자리에 서서
그대 기다려요

눈물이 흐르네요
그대 나에게 사랑한다
말 한마디 해 주면 안 되나요
하루 종일 그대 생각

지쳐서 잠이 들어요
바람 부는 이곳에 날 두고
가지마세요
난 오직 그대만을 사랑해요

영영

사랑했었다. 는
마지막 말을 남기고
자리에서 일어났다
순간 허공에 멈춘 술잔이 떨렸다
고개 떨 군 영혼이 벽처럼
힘없이 무너져 내리고 있었다
절망적인 시선과 마주쳤다
미안하다
꽃봉오리 송두리째 지듯
가슴이 내려앉는다
아, 반쯤만 열고 사랑할 것을
눈물을 삼키며 힘없이
돌아서는 뒷모습에
그동안
너 만나고 돌아오는 길이
이토록 암흑이었던 적이 없었다

5

사랑은 그리움 외로움 기다림의 시작입니다

누군가를 영원히 사랑할 수는 있지만
완전히 사랑할 수는 없다

첫사랑

하얀 피부 초롱초롱한 눈망울
긴 목의
그대에게
묻노니

나는 그냥
죽도록
꿈길로 살아야만 하는가

사랑 리필

커피도
음료수도
빵도 먹다가 모자라면 리필이 되는데

사랑은 왜 리필이 되지 않나요

못다 한 사랑
지나쳐 버린 아쉬운 순간들을
다시 리필 할 수 있다면
너를 위해 아낌없이 다 쓰고 싶다

그녀가 뿔났다

그녀가 뿔났다

하루 종일 시도 때도 없이 문자하고
만나면 손에 땀이 흥건해지도록 꼭 잡고 있고
많은 사람들 오고 가는
거리에서 끌어안고 키스를 하고
사랑한다는 말은
귀가 따갑도록 하더니
며칠 내내
어디서 무얼 하고 있느냐
얼마큼 사랑하느냐고 물어도
건성으로 대답을 하고
만나면 무어가 그리 바쁜지
자꾸 시계만 들여다보고
옆자리에 오지도 않는다며 투정부리더니

어젠,
찻집에서 무표정한 얼굴로
말 한마디 없이
창밖만 보고 있다가
사람들 시선이 느껴진다며

손 놓고 걸어가자는 내 말에
토라져간 그녀

하루 종일
문자도
전화도 불통

너와 나는

어느 한 곳 닮은 구석 하나 없는 우리가
어느새

마주보며 웃는 표정도 닮았고
손 자주 씻는 것도 닮았고
옷 주름질까 의자에 조심스레 앉는 것도 닮았고
밥 먹을 때 수저 가지런히 접시 위에 올려놓는 것도 닮았고
커피에 설탕 넣지 않는 것도 닮았고
맥주만 마시는 것도 닮았고
비오는 거리를 걷기 좋아하는 것도 닮았고
푸른 바다를 좋아하는 것도 닮았고
노을이 지는 언덕 위 찻집 창가에 앉아
사색하기를 좋아하는 것도 닮았고

한밤중에 전화 걸어
보고 싶다
사랑한다는 말을 하는 것도 닮았다

눈물이 나요

그대 다정한
목소리 듣고 있을 때면
눈물이 나요

그대와 나란히 앉아
미소 짓고 있어도
눈물이 나요

그대 품에 안기어
한없는 행복에 젖어 들 때도
눈물이 나요

그대 모습 떠올리다
물밀듯 그리움이 밀려오면
나도 모르게
눈물이 나요

미운 사랑

사랑한다
사랑한다
내가 말할 때
그대는
나를 외면합니다

그립다
그립다
말할 때
그대는
나를 지치게 합니다

보고 싶다
보고 싶다
말할 때
그대는
저만치 멀리 있습니다

내가 힘들어
그대를 떠나려 할 때
그대는

살며시 내게로 다가옵니다

그대는

참 미운 사랑입니다

우리 사랑은

우리의 사랑은 축복받았다
눈이 축복받았고
귀가 축복받았고
입술이 축복받았고
손이 축복받았고
몸뚱어리가 축복받았고
사랑할 수 있는 시간을 축복받았다

우리 사랑은 2

우리 사랑은
푸르게 돋아나는 잎사귀처럼
무성한 채로 그대로였으면 좋겠습니다

비 오는 날도
바람 부는 날도
시린 날도 없었으면 좋겠습니다

늘 미소 짓고
행복한 사랑으로
가득했으면 좋겠습니다

우리 사랑은
많은 시간이 흘러도 변함없이 빛나는
새벽별과 같았으면 좋겠습니다

그대와 나

그대와 나

사랑의 진한 향기로

사랑의 아름다움으로

사랑의 꽃을 피워

새벽하늘 환하게 비추는

사랑별이 되리

그대이기 때문에

그대라서 좋은 것이다
그대라서 그리워하는 것이다
그대라서 함께하고 싶은 것이다

그 누구도 아닌
그대이기 때문에 사랑하는 것이다

너와 함께 있으면

너와 함께 있으면
근사한 레스토랑이 아니어도 좋고
분위기 있는 호반의 찻집이 아니라도 좋다

서로 얼굴 마주보며
사람들 북적대는 분식집에서
떡볶이와 국수를 맛있게 먹고
편의점에서 헤이즐넛 커피를 사서
많은 사람들 오고 가는
거리 벤치에 앉아 있어도 좋다

너와 함께 있으면
너밖에 아무 생각이 나지 않아서
너무 좋다

시와 에스프리 4

내 마음에 대한 보고서 2

매력 가득한 여자가 옆을 스치고 지나간다. 뒤쫓아가 가는 길을 붙잡고 싶은 충동이 인다. 만약 저 여인이 내 여자라면 밥을 먹지 않아도 배가 부르고 눈을 뜨는 아침이면 입가 가득 미소가 번지리라. 하루를 살아도 저 멋진 여자와 살다 갔으면 좋겠다고 생각한다. 붉은 태양처럼 솟아오르는 욕망을 주체하지 못하고 길모퉁이에 서서 우두커니가 되고 만다.

나는 태초에 바람이었다
천상(天上)의 못다 한 사랑 찾아
온 세상을 떠도는 바람이었다
불타는 가슴으로
대지에 뜨거운 열풍을 일으키는 바람이었다

나는 태초에 구름이었다
온통 그리움에 젖어 온 우주를 떠도는 구름이었다
온 세상에 그리움 가득한 비를 뿌리는 구름이었다

나는 태초에 바다이었다
때로는 부드럽게
때로는 거칠게
뜨거운 가슴으로 온통 섬을 끌어안은 바다이었다

나는 태초에 별이었다
뜨거운 영혼을 불사라
새벽하늘을 환하게 비추는 사랑별이었다
에로스에서 태어난 사랑의 화신이었다
–「사랑 8」 전문

돌아본다. 돌아본다. 마법을 건다.
여인이 가던 길을 멈추고 뒤를 돌아본다. 매혹적인 여인이 다가온다. 욕망이 전철을 탄다. 숨이 막힐 듯 심장이 빠르게 요동친다. 핏줄 위로 끈끈한 바람이 인다. 뜨거운 열정이 솟구쳐 오른다.
다시 마법을 건다. 돌아본다. 돌아본다.
넌 내 여자가 될 거야. 넌 나를 사랑하게 될 거야.

한 사내가 있었다

그는 비 오는 날이면
빗속을 걷는 것을 좋아하고
석양에 붉게 물드는 강을 따라 사색하기를 좋아했다

그는 낭만주의자였고
낙천적인 성격의 소유자였다
그는 언제나 사랑을 노래했고
여인들은 그 사내 주위에서 떠날 줄을 몰랐다

그는 강한 이미지를 풍기고 있었지만
핸섬한 용모와 매너가 좋은 남자였다
그는 풍부한 감성을 지니고 있었고
부드러운 말투와 미소는 여인들의 마음을 사로잡기에 충분했다
사람들은 그를 바람의 아들이라고 불렀지만
그 사내 주위의 여인들은 아랑곳 하지 않았다

그 사내는 해질 무렵이면
바람 부는 길을 따라
석양이 붉게 물드는 거리를 지나
도시의 화려한 불빛 사이로 걸어 들어갔다
그리고 깊은 밤이면
안개 낀 강으로 걸어 나왔다

–「바람의 아들」 전문

나는 에로스에서 태어났다. 뜨거운 나의 가슴은 언제나 열정으로 가득하다. 관능적인 몸매를 가진 여성을 보면 난 저돌적으로 돌진한다. 성감이 풍부한 여자들은 열정적인 남자를 선호한다. 난 첫눈에 그걸 알 수 있다. 육감적이고 섹시한 여자는

나를 주체할 수 없는 욕망에 휩싸이게 하고 만지고 싶은 충동에 빠지게 한다.

지나치는 낯선 여인에게서
내 여인의 향기가 난다
알 수 없는 흥분이 몰려와
주체할 수 없는 욕망에 휩싸인다

폭풍처럼 거칠게 달려와
나를 삼켜 버린 그날
뜨겁게 불타올라 영원으로 가던
그날을 잊을 수 없어
불륜을 꿈꾼다

길모퉁이 은행나무 앞 작은 찻집
맨발의 하얀 하이힐
가늘고 작은 발목
늘씬한 몸매의 뒷모습이 매력적인 여인
불같은 욕망이 인다

검은 살결
이국적인 얼굴
말없는 여인의 뜨거운 시선이 몸을 덥힌다
관능적인 여인의 몸이 열린다
창밖의 거리에 쏟아지는 빛들이

아름다운 소리를 내며 무수히 내린다
그녀에게서 몸을 뺀다
낮달 하나가 그녀 몸에서 진다
–「한낮의 사랑」 전문

한 남자가 있다. 그 남자는 언제나 당당하다. 그 남자를 사랑하는 여자는 모든 일과를 남자에게 맞추고 있다. 둘은 연인사이다. 여자는 하루 일을 마치고 남자에게 전화를 건다. 둘은 매일 만나서 하루를 이야기하며 데이트를 한다. 남자는 갑자기 약속이 생기면 여자에게 전화를 해서 집으로 곧장 가라고 한다. 집에 도착해서 꼭 전화하라며 말하고 전화를 끊어버린다. 친구와 약속이 있다며 애인에게 쩔쩔매는 친구들을 보면 남자는 말한다. 여자는 남자하기 나름이라고.

그 남자는 키도 작고 볼품도 없고 얼굴도 나만큼 잘 나지도 못하지만 그 남자의 여자들은 그 남자의 말이라면 한결같이 고분고분하다. 그 남자는 여태까지 데리고 다닌 여자들만 손꼽지 못할 정도로 많았다. 지금 사귀고 있는 여자도 성깔이 보통이 넘지만 그 남자에게만은 고양이 앞에 쥐처럼 온순하기만 해서 남자의 말이라면 순간 치켜들었던 고개를 수그린다.

성깔 드센 여자와 사랑을 한번 해 보고 싶은 생각을 한 적이 있었다. 길을 가다보면 대로변에서 연인들이 다툼을 하는 것을 종종 본다. 그리고 다시는 만나지 않을 것처럼 서로 등을 돌리고 간다. 남녀의 싸움이란 칼로 물 베기가 아니라 잠시 모였다 흩어지는 구름 같은 것이다.

연상의 여인과 사는 남자가 있다. 그 남자는 덩치가 크고 우락부락하게 생겨서 성질이 고약할 거라는 생각을 했다. 그 여자는 남자보다 네 살이 위이고 아주 온순하게 생겼다. 둘이 싸울 때는 남자는 여자에게 꼼짝하지 못하고 욕을 있는 대로 다 듣는다. 마치 죽일 것처럼 으르렁 대다가 다음날에 보면 희희낙락하며 죽고 못 산다. 옆에서 지켜보면 절로 웃음이 난다.

난 아직 드세고 사나운 여자를 만나보지 못했다. 소크라테스처럼 팽팽한 긴장의 연속에서 스릴을 맛보지 않을까.

난 플라토닉 한 사랑보다 활화산처럼 뜨겁게 불타오르는 열정적인 사랑이 좋다. 잘생긴 미녀보다는 개성이 진한 여자가 좋고 늘씬하고 마른 여성보다는 육감적이고 섹시한 여자가 좋고, 성감대가 풍부해서 건드리기만 해도 터질 것 같은 풍선초 같은 여자가 좋고, 수동적인 여성보다는 능동적이고 컬러풀한 여자가 좋다.

이민호 시집

그대 나의 사랑아

2020년 9월 25일 1판 1쇄 발행

지은이 / 이민호
발행인 / 강병욱

발행처 / 도서출판 교음사

03147 서울 종로구 삼일대로 457 수운회관 1308호
Tel (02) 737-7081, 739-7879(Fax)
e-mail / gyoeum@daum.net

등록 / 제 2007-000052호

* 잘못된 책은 바꾸어 드립니다. 값 10,000 원

ISBN 978-89-7814-793-4 03810

이 도서의 국립중앙도서관 출판예정도서목록(CIP)은 서지정보유통지원시스템 홈페이지 (http://seoji.nl.go.kr)와 국가자료공동목록시스템(http://www.nl.go.kr/kolisnet)에서 이용하실 수 있습니다. (CIP제어번호 : CIP2020040698)

[후원]
- 이 도서는 진주시 문화진흥기금을 지원 받아 제작 되었습니다.